LA
DÉFENSE POLITIQUE.

ERNEST PRAROND

LA
DÉFENSE POLITIQUE

SECOND APPENDICE

AU JOURNAL D'UN PROVINCIAL PENDANT LA GUERRE

ABBEVILLE

1871-1877

AMIENS

PRÉVOST-ALLO, LIBRAIRE

EUGÈNE BECQUET,
SUCCESSEUR

M DCCC LXXVII

LA DÉFENSE POLITIQUE.

Mon souhait serait de vivre dans un pays où la loi, expression philosophique de tous les droits, n'aurait plus un article qui ne fût en accord avec la conscience humaine ; dans un pays si bien réglé enfin qu'aucune individualité n'y pourrait être blessée, même moralement, et que l'on n'y serait plus forcé de songer à cette défense ou à cette attaque nécessaire de tous les jours que nous nommons la politique.

Malheureusement notre pays n'est pas encore cette république du ciel, et, à des périodes de temps inégales, le sentiment de la justice en danger tire de leur paix les honnêtes gens qui aiment avant tout l'équité, et qui souffrent de toute blessure au droit. Les plus pacifiques sont pris alors d'indignations subites qu'ils ne sauraient contenir sans une souffrance de plus.

J'ai éprouvé une de ces indignations en 1873 quand des hommes, nos chefs d'attente pendant l'Empire, ont étonné si cruellement un soleil de mai.

Que me voulez-vous sous un nouveau soleil de mai, sentiments congédiés avec tant de bonheur après la fausse sortie et durant la trop peu vraie absence de ces hommes ?

Hélas ! vous m'apprenez que la paix n'est pas faite encore malgré la bonne volonté dépensée et les sacrifices prodigués.

Les mêmes hommes ont rendu autour d'eux les circonstances semblables. Des paroles écrites il y a quatre ans et qu'on eût voulu croire à jamais inutiles pour des temps délivrés se retrouvent tout actuelles.

C'est avec tristesse qu'on se voit amené à mettre en présence les mois inquiets des deux années de combat ; c'est avec tristesse que je reconnais trop facile de rapprocher de pages publiées quelques pages nouvelles :

« Il est bon au vieillard (1) qui se retourne de n'avoir pas à retirer avec peine de ses souvenirs les impressions de telle ou telle heure de sa vie, et de retrouver, toute faite, la confession de ses pensées, sans que les erreurs de sa mémoire puissent y changer un mot. »

Le JOURNAL D'UN PROVINCIAL PENDANT LA GUERRE et l'Appendice APRÈS LES PRUSSIENS peuvent servir de justification déjà à la courte préface de 1873 ; je chercherai dans ces confidents d'impressions anciennes quelques leçons pour les mois présents en suivant simplement l'ordre des pages et des dates.

---

(1) VERS DE 1873, *préface*.

QUELQUES SOUVENIRS
ET QUELQUES RAPPROCHEMENTS.

1870.

« Soyez sûrs que vous me retrouverez homme de liberté quand beaucoup d'autres auront abandonné ce titre. » — Paroles de 1870. — JOURNAL D'UN PROVINCIAL PENDANT LA GUERRE, *préface, page II.*

Paroles trop vérifiées, hélas ! depuis 1870 pour un bon petit nombre de gens. Heureusement de très-recommandables, sérieuses et solides recrues nous consolent.

Juillet 1870. — « L'intérêt de la France pour nous (que les gens de force raillent s'ils le veulent) est dans la conservation, dans l'extension de la prépondérance morale, politique, de fierté généreuse, qu'elle doit perdre, au contraire, si rapidement aux yeux des peuples, depuis son abdication entre des mains qui lui mesurent tout. Cet intérêt est dans l'accroissement de sa valeur philosophique, scientifique et littéraire, qui diminue bien aussi, j'en ai peur, en comparaison de la valeur de même ordre acquise par d'autres peuples, depuis que notre Gouvernement se défie de la science, de la philosophie et des lettres ; depuis qu'il s'applique à les rendre dociles, soumises, c'est-à-dire à les abaisser ou à les corrompre ; depuis qu'il les inquiète et poursuit, surtout dans les chaires dont il écarte les hommes de direction propre. Et de cette guerre ouverte ou sourde à toute pensée les exemples abondent : à Paris, Renan ; à Lyon, Laprade (1) ; de tous les côtés bien d'autres, sans compter tous ceux qu'on ne connaît pas et qui n'ont même pas eu velléité de se produire sous ce régime, » etc. — JOURNAL D'UN PROVINCIAL, *pages 6 et 7.*

Je ne me déclare pas heureux, je l'avoue, de pouvoir recopier comme d'actualité, sous le ministère de M. de Broglie, cette page écrite sous l'Empire.

Juillet 1870. — « Notre force nationale est dans la révolution qui nous a fait ensemencer de principes de justice et de droit, d'institutions persistantes pour la plupart, l'Italie, les provinces Rhénanes, les Pays-

---

(1) Pour premier rapprochement, l'APPENDICE AU JOURNAL signalait le déplacement par le premier ministère de Broglie de M. Émile Alglave d'une chaire de droit à Douai parce qu'il était le directeur de la *Revue des Cours Scientifiques et Littéraires*.

Les rapprochements ne se compteraient plus aujourd'hui. Le membre innocent de l'Institut, devenu ministre de l'Instruction publique pour avoir fait innocemment la République, n'est pas resté au-dessous de ses prédécesseurs, ayant, le 8 de ce mois, remplacé sans l'appeler à d'autres fonctions, M. Émile Burnouf, doyen de la Faculté de Bordeaux, peu de jours après une lettre de ce dernier touchant la situation de l'enseignement public et les entreprises auxquelles les établissements de l'État sont en butte — *12 Décembre 1875.*

Et, depuis quelques mois, quelle guerre même aux simples conférences scientifiques ? — *Août 1877.*

Bas (Flamands et Brabançons), l'Allemagne elle-même. Mais ces principes de justice et de droit ont pris racine partout, et les pousses en sont plus vigoureuses maintenant en certains lieux lointains que chez nous. La liberté du livre, la liberté de la parole ont ailleurs des garanties dont l'apparence n'existe même plus en notre pays des trouvères, de Rabelais, de Pascal, de Voltaire, de Mirabeau, de P.-L. Courrier . . . .
Les chaires étrangères plus savantes que les nôtres, hélas ! entendent agiter tous les problèmes, approfondir toutes les sciences (1), les savants n'en étant pas écartés par les craintes, les faiblesses, les timidités des gouvernements. Les parlements étrangers ne sortent pas comme le nôtre de candidatures officielles, d'élections faussées. » — JOURNAL D'UN PROVINCIAL, *pages* 7 *et* 8.

Je transcris cela en 1877. Bien des choses ont changé depuis le mois de Juillet 1870, — pas tout.

Je rappellerai seulement, non pour triompher, Dieu m'en garde ! mais comme simple souvenir, l'approbation donnée en 1870 par un certains nombre de libéraux de cette date à des opinions entachées aujourd'hui pour eux du plus pur radicalisme.

Le provincial de 1870 pouvait encore, sûr des sentiments de tous comme du sien, écrire dans son journal :

« L'empereur comprend bien où est la force de la

---

(1) Les Allemands ont déjà fondé à Strasbourg une Université qui pourrait nous servir de modèle par le nombre des professeurs et la libre variété des matières traitées.

France ; il sait par l'invocation de quels principes il peut faire illusion. De la vieille force vitale de la France, il veut faire la sienne ; sa proclamation en fait foi, et en fort bons termes :

« Le glorieux drapeau que nous déployons encore
« une fois devant ceux qui nous provoquent est le
« même qui porta à travers l'Europe les idées civi-
« lisatrices de notre grande révolution (1) ; il inspirera
« les mêmes dévouements (2). »

Ainsi pensait et disait, en juillet 1870, l'empereur s'efforçant d'entrer en communion avec le sentiment national. Un mot d'ordre venu de loin, de par delà les frontières, est tellement donné aujourd'hui contre notre œuvre de quatre-vingt-dix ans bientôt, que les Bonapartistes eux-mêmes n'oseraient plus, engagés qu'ils sont dans la coalition contre-historique, répéter les paroles de leur dernier empereur :

« .... les idées civilisatrices de notre grande Révolution............ »

2 Août 1870. — Contre les candidatures officielles à tous les degrés ; fin d'une lettre de M. Calluaud, conseiller municipal, à M. le maire d'Abbeville :

« . . . .

---

(1) Non malheureusement, il ne représentait plus les mêmes principes, il était trop tard. — *Note du* JOURNAL D'UN PROVINCIAL.

(2) Et l'auteur du JOURNAL pouvait ajouter immédiatement :
« Tout cela est excellent, mais il y a une logique au monde. L'homme qui a faussé, dans ses principes de dignité au moins, la Révolution, a-t-il le droit de parler en son nom et de s'appuyer sur elle ? ».

« Je regrette, Monsieur le maire, de ne pouvoir adhérer à la formation d'une liste dont le caractère officiel est de nature, selon moi, à porter atteinte à la libre expression des suffrages.

« Veuillez recevoir.......... »

Dans une lettre communiquant cette réponse aux électeurs, M. Calluaud ajoutait :

« Je demande pour vous, en 1870, ce que j'ai demandé en 1863 et en 1865 : Liberté entière dans le choix des candidats et dans l'expression des suffrages.

« 2 Août 1870.

« CALLUAUD »

J'aime à reproduire, en 1877, cette leçon dont l'opportunité se reproduit aussi malheureusement de temps en temps.

M. Calluaud était en outre partisan de l'élection des Maires par les Conseils municipaux. Délégué par le Préfet pour remplir les fonctions du Maire démissionnaire, il réclamait, avant d'accepter, un vote de ses collègues : « Il y a lieu de penser, leur disait-il le 27 septembre (1870), que les Conseils municipaux seront sous peu en possession du droit de porter eux-mêmes des hommes de leur choix à l'honneur de diriger les administrations locales. » — J'ai déjà rappelé ces paroles, il est bon de les rappeler encore aux personnes oublieuses, aux Conseillers généraux conservateurs qui survivent et dont les vœux exprimés en session (1) étaient d'accord avec les espérances de M. Calluaud.

4 Septembre 1870. — « La France va pouvoir se battre pour elle-même. » JOURNAL D'UN PROVINCIAL, *pages* 54-59 ; APPENDICE, *pages* 9-10.

Il y a des souvenirs bons à conserver, non pour nous, mais pour les besoins de la défense.

Il est nécessaire de se rappeler toujours, parce que ce témoignage ne peut être suspect aux hommes d'un certain parti pris et qu'il faut choisir parfois les témoignages pour ces hommes, la justice rendue par M. de Broglie à la France des derniers mois de 1870, et, explicitement ou implicitement, au Gouvernement de la Défense nationale, et même, — découvrez cela, messieurs, sous la plume de votre Ministre, — à la population parisienne qui a souffert du siége. On pourra toujours trouver ce témoignage dans le *Livre jaune* de 1873, chapitre *Correspondance générale, circulaire du Ministre des affaires étrangères aux agents diplomatiques, datée de Versailles, le 5 septembre* 1873 :

« .... Quels que soient les jugements que l'histoire porte sur les origines et la conduite de la malheureuse guerre de 1870, les reproches qui peuvent être adressés aux gouvernements ne retombent pas sur la nation qui, privée d'un seul coup de toutes ses armées régulières, a pourtant soutenu la lutte pendant cinq

(1) Conseil général de la Somme, Séance du 28 Septembre 1871.

mois avec des troupes improvisées, et dont la capitale a supporté sans murmures les souffrances du siége le plus rigoureux. Une nation qui s'est montrée capable d'un tel effort après un tel désastre, peut se résigner aux conditions que lui a imposées le sort des armes sans rien perdre dans l'estime du monde. »

L'honneur de notre temps est donc bien sauf. Il est permis de le mettre mieux dans son jour par quelques rapprochements. On peut comparer la résistance de toutes nos villes de France en 1870, même de Nancy qui s'est rendue à quatre uhlans, à la conduite des villes du Midi au 18e siècle quand les Autrichiens envahirent la Provence (VOLTAIRE, *siècle de Louis XV*). — On a certainement fait en patriotisme des progrès depuis ce temps et personne ne nous défendra de les rapporter à la forte éducation nationale des dernières années de ce même 18e siècle qui avait vu les faiblesses de 1746.

8 Octobre 1870. — Dans la journée, réunions préparatoires pour les élections à la Constituante.... — JOURNAL, *page* 107 ; APPENDICE, *page* 13.

A l'occasion de ces élections (elles devaient avoir lieu le 16), M. Goblet, procureur général, a adressé aux procureurs de la République une circulaire datée du 22 septembre et contenant des recommandations que tous les régimes devraient s'approprier : « .....
La première règle qu'ils (les fonctionnaires de l'ordre

judiciaire) auront à s'imposer, sera de s'abstenir de toute pression ayant pour objet le succès de candidatures favorables au système que représente le Gouvernement actuel. Mais, si ces magistrats doivent s'interdire scrupuleusement de pareils actes, il n'est pas moins évident qu'ils ne sauraient prêter l'appui de leur autorité à des candidatures contraires sans manquer à leurs devoirs et sans engager gravement leur responsabilité (1).

Un homme qui comprend ainsi le respect dû à la conscience et à l'indépendance des électeurs et qui professe cette probité électorale avait, devenu maire d'Amiens, tous les droits à une destitution. Un dîner de cet homme avec un de ses anciens collègues de la

(1) Cette circulaire n'est pas à louer ; elle se loue elle-même par chacun de ses termes J'ajoutais cependant dans l'APPENDICE paru en 1876 :
« De telles paroles, comme celles prononcées par M. Calluaud dans la séance municipale du 17 septembre, ne sont pas à oublier. La morale politique n'est pas encore tellement établie que des leçons et des exemples aient cessé de lui être utiles.
« Ne craignons donc pas d'accumuler les leçons.
« La circulaire du procureur-général d'Amiens et les paroles du chef de la municipalité Abbevilloise pourront toujours être, dans le même intérêt de probité, rapprochées des recommandations adressées, en avril 1871, par M. Ernest Picard, Ministre de l'Intérieur, aux Préfets en vue d'élections prochaines : « L'Assemblée nationale a voulu que les élections se fissent librement et ne pussent, à aucun degré, être considérées comme l'œuvre d'un parti. Le Gouvernement n'a pas d'autre pensée ; il vous recommande de veiller à ce que la liberté des élections soit complète ; il ne vous impose d'autre devoir que celui d'assurer la pleine exécution de la loi. » J'ajoutais en approuvant cette circulaire au 27 avril (p. 478) : Il est honteux pour notre passé d'avoir à louer ces paroles qui seront désormais celles de tous les Ministres, ou plutôt qui deviendront inutiles et seraient regardées comme injure par les fonctionnaires futurs, respectueux du droit et des plus délicates libertés. — Je suis heureux d'avoir écrit cela alors, car je ne saurais le dire avec une sécurité aussi parfaite aujourd'hui ». — APPENDICE, *page* 13.

chambre, chef de la dernière majorité législative, a mis encore ces droits en évidence. C'est contre les hommes atteints du même mal de respect pour la conscience et l'indépendance d'autrui qu'un ministère, servi par des préfets aidés eux-mêmes par beaucoup d'agents, va mettre en mouvement toute la force administrative si leurs concitoyens les désirent pour représentants.

7 Décembre 1870. — « L'administration supérieure cherche à former une commission municipale pour remplacer le conseil élu. Je suis appelé, vers six heures du soir, à la sous-préfecture...... j'avoue que cette facilité à remplacer par des commissions complaisantes les municipalités élues m'émeut. Je repousse avec quelque vivacité l'idée de donner tort à mes concitoyens par un acquiescement à des combinaisons quelconques administratives. Aux premières ouvertures je réponds : « Je ne suis qu'un libéral, mais mon libéralisme a vingt ans de date (et je me rajeunis en comptant ainsi). Il me suffit et je m'y tiens. Je ne lui donnerai pas un démenti en acceptant une nomination qui serait le contraire d'une délégation libre de ma ville (1). » — JOURNAL D'UN PROVINCIAL, *page* 207.

(1) Cette déclaration a été trop approuvée alors par quelques braves gens qui supprimeraient volontiers aujourd'hui toute élection et qui, parce que je n'ai pas changé depuis ce temps, sont bien près, peut-être de me ranger dans les pétroleurs. — Note du JOURNAL D'UN PROVINCIAL, publié en 1874, c'est-à-dire assez longtemps après le 24 mai 1873. Je ne pensais pas en 1874 qu'il y eut rien à répudier de ces sentiments de 1870, de 1873 ; je ne pense pas qu'il y ait rien à en répudier en 1877.

Je quitte un instant cette page pour rechercher le numéro du 30 juin 1877, d'un journal du département, et je lis :

« Le Conseil municipal d'Amiens a été dissous par arrêté préfectoral (du 29 juin) et remplacé par une Commission municipale, composée comme suit : ..... »

— J'ai copié les noms ; je les supprime. L'histoire d'Amiens les gardera. Mais que d'*anciens* dans la liste ! Ancien conseiller général, ancien avoué, ancien adjoint, ancien officier de marine, ancien raffineur, ancien député, ancien président du Tribunal de commerce ou du Conseil des Prud'hommes, ancien négociant, et que de blackboulés de différentes dates probablement ! Mais, par compensation, on peut douter que le Conseil dissous eût pu rendre aussi jaloux les blés de juillet où rutilent les coquelicots.

Je retourne au JOURNAL DU PROVINCIAL et je lis à la date du 9 décembre 1870 : « Des efforts malheureux sont toujours faits pour la formation d'une Commission municipale. » Enfin je vois, à la date du 15, que « la formation d'une Commission municipale étant reconnue impossible, » l'arrêté qui se décide à dissoudre le Conseil municipal, « fait porter sur un seul homme toute la charge de l'Administration et du Conseil ; » et M. Drincourt, nommé Officier municipal provisoire, devient à la fois le Conseil et le Maire de la ville. Cette résistance de l'esprit municipal dilate le cœur.

Le 5 février 1871, l'arrivée imminente des Prussiens, mis en possession de la ville par les conventions de l'armistice, force le dévouement de quelques citoyens à accepter le mandat de les recevoir pour sauvegarder les intérêts de la commune et des habitants ; je relis sous cette date :

« J'ai toujours eu grand dépit des mesures qui ont brisé le Conseil régulier de la ville..... Pour moi, le Conseil élu le 7 août existe encore légalement. » Suit une courte discussion au point de vue de la loi ; puis : « Amené par l'histoire étudiée du Moyen-Age, du XVIe siècle, et de ma ville même, à aimer, à respecter les franchises municipales, je me suis senti, autant que les conseillers mêmes, froissé par l'arrêté qui les a atteints. Rapprochement de rancunes : Quand on en veut encore à Louis XIV de la création des maires perpétuels, on peut bien en vouloir à un préfet d'une dissolution autoritaire (1). » — JOURNAL D'UN PROVINCIAL, *pages* 349-350.

Louis XIV n'excusait pas 1871 ; il n'a pas excusé 1875 ; il n'excuse pas 1877.

---

(1) J'ajoutais, en 1875, en retrouvant le souvenir et les paroles : J'aime à revenir sur ces mots. L'esprit public gagnerait certainement à l'adoption générale de ce sentiment que les hommes acceptant de remplacer, dans les Commissions dites municipales, leurs concitoyens régulièrement élus pour la gestion des intérêts communaux, ne peuvent être d'honnêtes gens. — Il y a trahison envers les villes dans tout ce qui tend, de la part d'un citoyen, à méconnaître, à tromper l'antique et commun droit des villes. Le péril devant l'ennemi peut seul justifier, et par exception, une sortie des scrupules civiques.

« Je ne suis pas fâché de retrouver ces sentiments exprimés par moi

1871.

1ᵉʳ Janvier 1871. — « M. Émile Magnier est cet homme de grand cœur, etc...... »

Le legs de M. Émile Magnier n'a pu être recueilli par la ville d'Abbeville, mais de généreuses idées ont été jetées par cet émule des fondateurs picards, Gaillard d'Auberville, Boucher de Perthes, E. Parmentier, Albert Dumont, et les idées porteront leurs fruits.

9 Février 1871. — « L'officier que j'ai le malheur de loger aujourd'hui .... admet sans aucune réserve la grande et utile action de notre révolution du dernier siècle sur le monde européen. Je ne suis pas éloigné de croire qu'il regarde l'Allemagne du Nord comme notre continuatrice et, — je tremble en écrivant ces lignes, — qu'il considère notre mission à venir comme bien diminuée. » — JOURNAL D'UN PROVINCIAL PENDANT LA GUERRE, *pages* 369-370.

Ainsi je jouissais du témoignage rendu par un

---

le 7 et le 18 décembre 1870. » — APPENDICE AU JOURNAL D'UN PROVINCIAL, *pages* 19-20.

Et maintenant donc !

Non, l'expression vive de sentiments que je n'étais pas fâché de retrouver les mêmes en 1875 qu'en 1871, n'a rien qui puisse me déplaire en 1877.

Peu de Commissions municipales revenant au jour voudraient se reconnaître dans les souvenirs qu'elles ont laissés. Qu'étaient-ce que les trente complaisants d'Athènes surnommés les trente tyrans, sinon une Commission municipale substituée violemment aux archontes élus ?

étranger, un ennemi, à l'initiative française, et je me roidissais, incrédule, volontairement incrédule, contre la confiance et les espérances germaniques.

Hélas ! c'est après la délivrance que la satisfaction est tombée, et je retrouve dans l'Appendice un vœu et des paroles inquiètes : « Puisse l'esprit ne pas nous faire défaut ! Quelle chute pour notre ambition, si la France était remplacée dans le monde par la Prusse, si les signes de l'avenir attendu n'étaient plus attachés à notre drapeau tricolore, mais au drapeau noir et blanc ! »

L'esprit déjà ne semblait plus prendre force en souflant en avant, mais s'amoindrir en retournant en arrière. Je dis mal. Il y avait directions différentes. L'ancien courant persistait dans la région qu'emplit la vie, mais, dans l'air plus rare et plus froid, un autre tournait, trop visible au mouvement des nuages officiellement supérieurs de la nation. Et nous étions loin encore de 1877. Si nous avions été témoins d'efforts déjà invraisemblables pour remonter les jours, nous n'avions pas assisté à la reprise désespérée d'une tentative qui rappelle, contre un siècle en plein cours, celle des poissons des gaves contre les hautes cascades. L'Arabie reniant l'Hégire, l'Angleterre la liberté rendue à sa conscience en 1648, les descendants des Grecs de Marathon leurs sept années de lutte, ne seraient pas plus incompréhensibles et coupables que la France conspuant le Jeu de Paume.

Nous avons d'autres vœux à former pour notre mère convalescente, la France :

> Mère, garde à la fois vaillance et patience ;
> Forge le fer, soit force et sagesse et science ;
> Enseigne ; et, s'il te faut quelque jour un tombeau,
> Nous le voulons si grand que, du faîte, un flambeau,
> Lançant au loin, sans fin, prodigue, onde sur onde,
> Flots sur flots, ses lueurs, puisse éclairer le monde.

9 Février 1871. — « J'aurai plus tard à écrire une histoire des élections de 1871. Simple remarque aujourd'hui ; le Comité libéral dont beaucoup de membres se croyaient et même étaient sincèrement libéraux, — je puis en parler en ayant fait partie, — s'est appelé quelques mois plus tard *Conservateur libéral*. Il soutenait cependant encore un candidat du centre gauche. Quel nom prendra-t-il à la première occasion ? » — APPENDICE AU JOURNAL D'UN PROVINCIAL, *page* 20.

1876. — Ce nom est dès aujourd'hui *Comité conservateur* tout court, mais cette appellation n'est aucunement exacte. Les membres qui le composent ou le composeront cherchent encore, ou hésitent à prendre, le vrai nom de leur association. Quant au nom de *Conservateur*, il est bien le moins proprement choisi qui puisse maintenant être adopté par eux.

1877.—Le nom de *Conservateur* n'a pu être changé, mais quelles révolutions politiques et religieuses couvre-t-il maintenant ?

27 Février 1871. — Souvenir des élections faites sous la pression administrative en 1863 et en 1869 : « Que de regrets quand on songe que les élections de 1863 et celles de 1869, moins dirigées dans toute la France, eussent prévenu sans doute tant de malheurs ! » — La déclaration de guerre, la défaite préparée par les tromperies sur l'armement, sur le nombre des hommes, l'invasion, etc.

J'ajoute aujourd'hui (juin 1877) : Combien faudra-t-il encore de leçons pour décider le patriotisme et la probité des gouvernements à laisser aux électeurs le choix tout à fait libre de leurs représentants ? Verra-t-on toujours des gens s'amuser à briser tous les ressorts d'une bonne machine, à retirer du foyer la houille puissante pour la remplacer par du petit bois ?

13 Mars 1871. — « Le Gouvernement a fait dire dans le *Journal Officiel* du 8 : « Le Gouvernement met son honneur à fonder la République. Il la défendra énergiquement avec le ferme dessein de lui donner pour base le crédit : » JOURNAL D'UN PROVINCIAL, *page* 426. — L'Assemblée laissait dire cela. Je ne sais si elle avait raison ou tort, mais de quel droit devait-elle, ayant laissé parler ainsi, comploter elle-même deux ans après pour renverser le régime qu'elle consentait, par un acquiescement de silence au moins, à défendre en 1871 ? Etait-elle donc simplement hypocrite dans le danger de 1871 ou voulait-elle laisser au nom de la République l'odieux de la paix qu'elle-même, Assemblée, était dans la nécessité de conclure ? Calcul misérable, en ce cas, et où la générosité du pays ne s'est pas laissé prendre.

C'est cette même Assemblée qui (je retrouve le mot un peu plus loin, page 445), invoquait dans une proclamation adressée au peuple et à l'armée « ce noble mot de République qui n'a de sens qu'avec l'inviolable respect du droit et de la liberté. » Elle avait certes le droit de n'être pas républicaine, mais, après s'être ainsi prononcée, ne devait-elle pas abandonner à d'autres le soin de renverser cette république supposée par elle antipathique au pays ?

8 Avril 1871. — Les bois de Chaville, voisins de Versailles, doivent prendre leur première teinte verte, mais, au lieu de sentir les feuilles nouvelles, ils ne sentent maintenant que la poudre.

L'Assemblée a tenu bon et n'aura pas le sort de Louis XVI.

Nos troupes entreront bientôt dans Paris, espérons-le ; mais autre danger, — je le pressens à la rage vindicative de quelques uns de nos concitoyens,

— l'Assemblée, toute l'Assemblée saura-t-elle bien rester de son temps? Ces fous de l'émeute, ces fous du rêve, nous appellent les *ruraux*. C'était déjà le mot des chrétiens contre leurs derniers adversaires, les récalcitrants à leur foi, *pagani*, les ruraux. Je désirerais bien, dans mon coin de philosophe, que l'Assemblée pensât qu'elle a seulement à combattre une hérésie, non à culbuter une religion, notre religion libérale, toute notre histoire de quatre-vingts ans en ça. Je vois ici des gens qui me font peur, qui reviendraient volontiers à Mérovée....

J'envoie ces pensées clémentes à un député de mes amis en lui communiquant l'espoir que les arbres de Chaville conseilleront doucement et pacifiquement les députés quand le canon se taira.

22 Avril 1871. — « La commune supprime les journaux, ce que l'Empire n'a pas fait de la même façon du moins. » Et en note dans le JOURNAL publié en 1874 : « Qu'a donc fait depuis M. de Broglie à l'aide de l'état de siége oublié et réveillé par lui dans beaucoup de départements? M. de Broglie a imité, non l'Empire, mais la Commune. »

Aujourd'hui M. de Broglie, ou M. de Fourtou, sans négliger les occasions d'obtenir des tribunaux justes mais sévères la mort temporaire des journaux — la suspension — attaque surtout la presse qui le contrarie en détruisant ses moyens de distribution. — Juillet 1877.

27 Avril 1871. « A l'occasion des élections (municipales il est vrai seulement) qui vont être faites par toute la France, le ministre de l'intérieur, M. E. Picard, a adressé aux préfets une circulaire dans laquelle nous lisons ces sages paroles qu'il est honteux pour notre passé d'avoir à louer, qui seront désormais celles de tous les ministres, ou plutôt qui deviendront inutiles et seraient regardées comme injure par les fonctionnaires futurs respectueux de droit et des plus délicates libertés : « L'Assemblée nationale a voulu que ces élections se fissent librement et ne pussent, à aucun degré, être considérées comme l'œuvre d'un parti. Le gouvernement n'a pas d'autre pensée ; il vous recommande de veiller à ce que la liberté des électeurs soit complète ; il ne vous impose d'autre devoir que celui d'assurer la pleine exécution de la loi. » — JOURNAL, *pages* 478 *et* 479. A rapprocher des remarques sous la date du 8 Octobre 1870. — Plus haut, *pages* 13-14.

Cette sagesse était celle des hommes qui, ayant souffert pendant dix-huit ans des pratiques de l'Empire, avaient appris à les condamner et étaient trop honnêtes pour y revenir dans leurs cabinets de ministres. Mais que de benoîtes illusions dans ma note du 27 Avril 1871 : « *qu'il est honteux pour notre passé d'avoir à louer.* » Ne devrais-je pas écrire aujourd'hui : qu'il est honteux pour notre présent et pour notre avenir peut-être d'avoir à louer ? « *qui seront désormais celles de tous les ministres.* » Que l'on compare donc avec les circulaires de MM. de Broglie et de Fourtou. « *Ou plutôt qui deviendront inutiles et seraient regardées comme injure par les fonctionnaires futurs respectueux du droit et des plus délicates libertés.* (1) » J'aimerais assez à consulter maintenant sur cette phrase MM. les fonctionnaires de nouvelle et abondante création.

1872.

31 Janvier 1872, Paris. — Les observateurs ont occasion fréquente de noter bien des incohérences dans les esprits, dans les sentiments, et des contradictions très-singulières dans les idées, dans les jugements, incohérences et contradictions qui dénoncent avec des lacunes de logique une malveillance systématique, bien qu'inconsciente, chez les plus

---

(1) « . . . . . . rien ne sera perdu, écrivais-je le 29 octobre 1873, tant que les fonctionnaires nouveaux renieront les exemples de leurs aînés faméliques ; tant que, renonçant à chercher comme leurs prédécesseurs de l'Empire des dots de sous-préfectures en sous préfectures, des fauteuils de Sénat (1) de préfectures en préfectures, ils auront pudeur des services bas et enverront leur démission au Ministre qui leur proposerait de se commettre dans les choix, dans le droit sacré des électeurs. » — APPENDICE, *page* 55.

Rien ne serait perdu, écrirais-je aujourd'hui, quand bien même le droit sacré aurait à s'exercer dans des conditions renouvelées de l'Empire. — Juin 1877.

(1) Le 29 octobre 1873 on ne savait pas encore que les nouveaux fauteuils seraient donnés par l'élection et que les émoluments réduits — de cela on se doutait bien cependant — les rendraient moins enviables.

honnêtes. A qui n'est-il pas arrivé de rencontrer des gens qui, à trois minutes d'intervalle, vous disent : « C'est égal, si on avait eu un général d'inspiration, l'affaire eût tourné tout différemment ; les Prussiens, même après la reddition de Metz, étaient perdus, etc. ; puis : « Ces hommes du 4 Septembre sont des sots. Il fallait faire la paix ; il fallait dire à la France : nous n'avons plus rien dans nos arsenaux ; » etc. Ainsi, quand la fibre française frémit, ils vous assurent qu'avec un bon général on pouvait ressaisir la victoire, et, quand la haine politique reprend le dessus, ils vous affirment que tout était perdu dès le désastre de Sedan.

Perdu ou non perdu, il y avait mieux et plus haut pour les cœurs français. Nous avons quelquefois, paraît-il, trop parlé de gloire, trop sacrifié de sang à ce mot pour lequel les étrangers, — les Allemands du moins, — nous raillent. Laissons donc la gloire de côté, mais ne laissons jamais descendre dans notre esprit le mot honneur.

L'honneur, au mois de septembre 1870, parlait mieux en un cœur vraiment français que tous les raisonnements vrais ou faux, que les événements même, et que les hommes, MM. de Bismark ou Favre, et nous avons vu M. Guizot, le 23 octobre 1870, comprendre encore ainsi la situation (1).

(1) Sans notre défense de 1870-1871, nous aurions à rougir maintenant devant les Turcs qui, sur leur territoire envahi, assiègent des montagnes, les Balkans.

1873.

L'année 1873 a dû être pour beaucoup d'hommes l'année de la désillusion. Je la retrouve toute et toute expliquée pour moi, cette désillusion, en deux petites brochures : Vers de 1873 et Après les prussiens.

S'il y a eu faute de ma part, je ne parviens pas à me condammer. J'avais trop cru, dans ma candeur de solitaire, à des hommes dont M. de Broglie est le meilleur modèle vilainement réussi, libéraux sous l'Empire, mais depuis......

Je ne me sens nulle honte d'avoir été dans les naïfs. La malice qui prévoit est trop près souvent de la malice complice. Il est sain d'être tout bêtement honnête.

3 Juin 1873. — Un député répondant à mes craintes m'a écrit de l'Assemblée le 1er juin : «.....Que diriez-vous si les conservateurs prouvaient, dans quelques mois, que le seul obstacle à l'établissement d'un gouvernement raisonnable, tolérable, habitable, fût-ce même républicain, était M. Thiers ?........ C'est pourtant là l'éventualité la plus probable. Calmez-vous donc, applaudissez le 24 Mai qui est une journée parlementaire honorable pour tous les parlementaires et les libéraux comme nous, et priez Dieu que nous soyons toujours aussi fermes et aussi sages. »

Je doute et je réponds : Nous verrons (1).

1er Juillet 1873. — Mot à un député : « Vous allez bien : Approbations de circulaires véreuses (2), suppressions de journaux (3), vengeances réchauffées (4), persécutions religieuses (5). — Continuez. » — APPENDICE, *page* 50.

N'était-ce pas bientôt en effet oublier les griefs contre les procédés de l'Empire? N'était-il pas bien tard aussi pour tant se souvenir ?

La lettre du 1er juillet à un député me fait rechercher une note du 6 avril 1871 écartée du JOURNAL D'UN PROVINCIAL comme trop personnelle à moi par un souvenir rappelé; mais je ne suis pas fâché aujourd'hui de retrouver fixés à leur date des sentiments de miséricorde et de clémence éprouvés aux heures encore poignantes des coups de fusil et du canon (6).

Voici cette note du 6 avril 1871 :

Une lettre particulière de Versailles, datée du 4, n'apprend rien à Abbeville que les dépêches ne nous aient appris, sauf un fait et un chiffre : « ..... Nous

---

(1) Qu'est-il arrivé? Qu'a-t-on vu jusqu'à la pénible production du plus effacé des conservateurs, M. Wallon ?

(2) La circulaire secrète et chiffrée aux préfets dont la divulgation amène si piteusement à la tribune M. Beulé.

(3) Suppression du *Corsaire*, la première de plusieurs autres.

(4) Poursuites contre M. Ranc.

(5) Arrêté du préfet de Lyon contre les enterrements civils approuvé par l'Assemblée.

(6) Avant les incendies, il est vrai, mais miséricorde et clémence n'excluent pas la poursuite et la punition légale des crimes.

savons que, il y a trois heures à peine, leur général Duval a été fusillé sans merci, que nous avons fait jusqu'à présent 2,500 prisonniers ; que la plaine est couverte de fuyards, ces brigands-là n'avisant jamais le grand jour...... » N'y a-t-il pas dans ces paroles un peu d'accent bien farouche et d'injure passionnée ? Si on a fusillé, s'il y a eu nécessité à cela, ça été une nécessité solennelle et dont il ne faut parler qu'avec une triste gravité.

Je me souviens qu'au mois de Juin 1848, les volontaires d'Abbeville se rendaient à pied de Saint-Denis à Paris. Nous rencontrâmes un jeune homme de fière mine ouvrière, en blouse, venant sur un bas-côté du chemin. Notre premier peloton l'arrêta ; on le soupçonnait d'être insurgé et fugitif — la seconde qualité ne devait-elle pas atténuer la première ? — On examina ses mains qui, je crois bien, n'étaient pas exemptes de taches noires suspectes. Quelques-uns parlaient de le ramener prisonnier vers Paris qu'il quittait. J'insistai pour qu'on le relâchât et cet épisode de notre expédition abbevilloise est un des bons souvenirs que j'aie (1).

---

(1) Qu'il est bon en quittant la prose mauvaise de revenir à ses poètes. C'est un poëte, M. Coppée, qui, à Paris même, dans ce mois d'avril, vers la date sans doute où nous sommes, j'entends le commencement d'avril 1871, conjurait en vers cléments la guerre civile, adjurait l'émeute, s'efforçait de délivrer de l'emblème, déjà repoussé vingt-trois ans plus tôt par un autre poète, le sombre palais
au toit duquel palpite
Un drapeau rouge dans le ciel.

3.

15 Décembre 1873. — Le préfet de la Somme, M. L. Burin du Buisson, a dissous le cercle départemental de la ligue de l'enseignement :

« Nous, préfet de la Somme,

« . . . .

« . . . .

« *Amiens, le 3 Décembre* 1873. »

Signé : « L. BURIN DU BUISSON. »

Si Pilate avait eu à sa disposition les lois visées par M. Burin du Buisson, se serait-il cru forcé de concéder le crucifiement aux fureurs conservatrices de son temps et du pays juif ? N'aurait-il pas trouvé moyen de supprimer l'agitation différemment, d'étouffer le bruit, d'arranger l'exécution en douceur ?

La France, sollicitée par le poëte tentera de déchirer
   Ce décret, cet ukase affreux
  Ecrit par une main noire encor de l'amorce
  Qui provoque au combat fratricide............

Elle visite les ôtages; elle plane avec les yeux du poëte sur la ville déserte, morne, où le silence n'est rompu que par le bruit lointain du canon, et, s'emparant des paroles du poëte, elle crie aux hommes égarés de l'armée parisienne :
   La paix ! faites la paix ! Et puis pardon, clémence ;
   Oublions à jamais cet instant de démence.
    Vite à nos marteaux. Travaillons.
   Travaillons en disant : c'était un mauvais rêve.

Enfin elle fait entrevoir à ses fils la revanche, le Rhin ; les fait parler eux-mêmes :
   Alors, ô jeunes fils de la vaillante Gaule,
  Nous jetterons encor le fusil sur l'épaule
   . Et, le sac chargé d'un pain bis,
  Nous irons vers le Rhin pour laver notre honte.
  Nous irons furieux comme le flot qui monte
    Et nombreux comme les épis.

     FRANÇOIS COPPÉE, *Plus de sang, Paris, Avril* 1871.

17 Décembre 1873 (APPENDICE, *page* 57). — Les actes de cette Assemblée continuant à porter des fruits, je rétablis le vers absent :

> Elle est jugée enfin cette Chambre sortie
> Du castel, de la roche et de la sacristie.

6 Juin 1873. — Nous voyons dans un journal d'Amiens qu'une chanson, *Histoire du Pèlerinage de Chislehurst*, est répandue dans les villages de l'arrondissement d'Amiens. On ne poursuit pas les colporteurs de cette misère propagandiste et pas un défenseur de la parole dite ou chantée ne demandera qu'on les inquiète, mais qu'un aède, un rhapsode, aille déclamer dans les mêmes villages, des vers d'Hugo, la délicatesse littéraire de MM. les administrateurs ne se sentirait-elle pas désagréablement émue ?

1874.

28 Juillet 1874. — Plusieurs de mes concitoyens qui ont quelque confiance en moi et en qui j'ai toutes les raisons de me fier complètement sont venus me proposer, au commencement du mois dernier, une candidature au Conseil général. Les personnes qui m'ont ainsi fait l'honneur de me disputer au repos ne m'ont demandé d'affirmer rien qui dépassât ma pensée. Moins préparé que d'autres à la tâche, j'ai cédé aux instances parce qu'il y a intérêt à déplacer des majorités dans le département.

Les élections sont prochaines, mais on ne sait encore quand le ministère convoquera les électeurs.

S'occuper de circulaires, de bulletins, entendre parler de pointages, n'est pas d'un amusement vif. Cet avenir gai d'un nombre indéterminé de semaines suffirait pour m'envoyer à Stockholm si mon paquet de voyage n'était fait depuis longtemps.

Je pars demain.

7 Août 1874. — Stockholm. La fête d'Hasselbacken, page 65 de l'APPENDICE. Après le discours du délégué de l'Islande, j'entends ces paroles françaises qu'un peu d'exaltation expansive adresse au comte Henning Hamilton, grand chancelier des Universités suédoises : Vous êtes bien heureux, Monsieur, de vivre dans un pays qui n'a pas peur de sa liberté.

15 Août 1877, Stockholm. — En voyage, le temps, les yeux, l'esprit sont dûs au pays visité, car pourquoi voyager, si ce n'est pour voir et pour apprendre? Oui sans doute, pour voir et pour apprendre, mais au profit de sa pensée et de sa raison, et, si transporté qu'on soit hors de sa latitude, on ne peut pas ne pas emporter en soi son pays avec quelques-unes des préoccupations de ce pays. C'est à Hasselbacken, ayant sous les yeux Stockholm tranquille et aussi le jardin où dernièrement le délégué de l'Islande soulevait les applaudissements devant la statue de Bellman, que l'idée me vient de griffonner sur mon carnet quelques réflexions inutiles en Suède — pour les Suédois.

Je pense à nos batailles de partis, et la tribune d'Hasselbacken me donne peut-être le désir de paix, de politesse, de fermeté patriotique, le ton.

Au retour je serai bien obligé d'écrire quelques phrases comme candidat; aujourd'hui, il me prend fantaisie d'écrire quelques phrases comme électeur; le *Manifeste* de l'électeur.

Toutes les fois qu'une élection s'annonce, les électeurs libéraux devraient publier cette profession de courtoisie.

« Au nom de la loyauté qui ne cède rien ; de la franchise qui ne trompe pas, et, ajouterons-nous, au nom de la politesse qui ne fait que les concessions permises, nous déclarons respecter et honorer les personnes et nous déplorons les nécessités du combat contre plusieurs que nous aimons et estimons. Nous respectons et honorons aussi les opinions, mais il en est que rien ne saurait sauver, pas même leur sincérité. Cette sincérité ne les rend pas meilleures et notre devoir est d'en empêcher le triomphe. Nous ne choisirons donc pas nous-mêmes nos candidats; nous ne les connaissons ni ne voulons les connaître encore. Ce sont des conditions qui, refusées ou acceptées, nous détermineront. Nous ne repoussons pas des hommes mais des doctrines.

« Nous ne pourrons jamais, par exemple, quelle que soit la valeur d'honorabilité ou de vertu des hommes qui se présenteront à nous, accepter pour candidats ceux qui repousseront le drapeau rendu cher par les libertés conquises, et par les victoires et par les défaites mêmes ;

« Ceux qui renieront la révolution qui a mérité particulièrement le nom de Révolution française ;

« Ceux qui n'accepteront pas comme des droits absolus la liberté de conscience, la liberté des cultes, la liberté des livres, la liberté de la presse ;

« La liberté des élections. »

2 Septembre 1874. — Les conservateurs ne sont plus que des affolés de réaction, c'est-à-dire de destruction.

Exemple : M. de Guerle (1).

En quel mépris avions-nous, sous le gouvernement du roi Louis-Philippe, les pauvres Russes parce que leur empereur ne leur permettait pas, disait-on, de

(1) Le préfet de la Somme, M. de Guerle, envoyé à Toulouse, n'a pu y rester, ayant en qualité de protestant porté ombrage à l'évêque de ce pays; il n'a pu rester à Bordeaux pour une raison analogue. Ainsi, sous notre régime d'égalité des cultes, un protestant ne peut être préfet. Que l'on biffe donc de nos institutions l'article qui rend toutes les fonctions accessibles aux Français de toutes les confessions. De nos jours un ministre de l'instruction publique refuserait peut-être à M. Guizot une place d'instituteur primaire.

recevoir le *Charivari!* Aujourd'hui, nous voici revenus à ce temps de la Restauration où les hommes les plus recommandables étaient injuriés parce qu'ils favorisaient l'établissement d'une école *mutuelle* à Abbeville. Le mot républicain n'existe plus ; il est remplacé par *rouge, radical,* quand on ne va pas jusqu'à communard.

Les injures sont paroles de prédication, mais contre ceux qui les profèrent.

18 Septembre 1874. — La période électorale est ouverte pour le renouvellement partiel des Conseils généraux. J'acquitte ma promesse de juin en adressant aux électeurs une circulaire que ces mots résument :

« Je suis conservateur, mais je pense que ce qu'il faut conserver surtout, ce sont les acquisitions faites depuis quatre-vingts ans dans l'ordre politique, dans l'ordre civil et dans les mœurs, acquisitions remises quelquefois en question et en péril.

« Je suis convaincu que les institutions de liberté et de justice ne sont pas incompatibles avec des régimes divers, mais je ne suis pas moins convaincu, que, dans la situation actuelle, tous les intérêts moraux et matériels conseillent l'organisation constitutionnelle de la République.

« C'est par cette lettre seulement, pendant la période de l'élection, que je crois convenable de me mettre en relation avec les électeurs. Je sens trop les égards dus à l'indépendance de chacun pour penser qu'il soit permis à un candidat de s'offrir au jugement de ses concitoyens par des manifestations autres qu'un petit nombre de paroles, les mêmes pour tous et les plus claires possible. »

26 Septembre 1874. — Lettre à un député : « En êtes-vous bien convaincu enfin que la lutte se circonscrit rapidement entre les Bonapartistes et la République ?

« On ne saura jamais tout le mal que nous a fait M. de Broglie, une de nos espérances cependant sous l'Empire. » — APPENDICE, *page* 69.

1874 pouvait-il mieux avertir déjà 1877.

30 Septembre 1874. — Beaucoup d'affiches pour ou contre ma candidature ramenée du lac Mœlar couvrent les murs (1). Je remercie mes amis de celles qui m'appuient ; je ne m'occupe pas des autres.

---

(1) Quelques incidents de la période électorale.
Les amis qui m'ont proposé la candidature la soutiennent vaillamment. Un d'eux vient de répondre sur les murs à un article qui a jeté dans la discussion le mot de *radicalisme* :

ÉLECTEURS
DU
CANTON NORD D'ABBEVILLE,

. . . . il faut s'entendre ; ce mot (*radicalisme*) revient souvent dans la bouche de ceux qui veulent monopoliser à leur profit le titre de conservateur ; mais quel est donc le plus Conservateur de celui qui attend tout du hasard, et de celui qui dit : « Je fais appel au

1ᵉʳ Octobre 1874. — Notre sous-préfet M. Jaubert veut faire du zèle. Il oblige ses pauvres agents à des actes dont leurs yeux et le ton de leurs paroles font amende apitoyante. Le commissaire de police s'est présenté hier porteur d'un avertissement verbal dans le bureau d'un journal de la ville. Un groupe d'électeurs a immédiatement fait afficher :

« A MESSIEURS LES ÉLECTEURS DU CANTON NORD.

« M. le Commissaire de police d'Abbeville s'est présenté dans les bureaux du journal *le Pilote de la*

patriotisme, aux lumières de mes concitoyens, et je les prie au nom de la patrie commune, au nom de leurs propres intérêts, de ne rien laisser dans l'avenir, aux surprises du hasard. »

Depuis tantôt un siècle, la France a tenté tous les essais ; elle a subi tous les malheurs, traversé tous les excès. Elle veut aujourd'hui faire profiter l'avenir des cruelles leçons du passé. Elle veut la paix, l'ordre, le travail, la liberté dans les limites de la justice, du respect des droits et de la conscience de chacun.

Elle veut que les forces vives du pays soient utilisées au profit du pays lui-même ; que l'infranchissable barrière des lois empêche l'ambition ou l'aveuglement d'un seul homme de noyer la France dans des mares de sang ; que le gouvernement et la nation marchent dans un parfait accord, vers un but commun, qui est l'intérêt général ; elle veut réaliser cet idéal vainement poursuivi depuis tant d'années, en fondant des institutions durables respectées de tous et profitables à tous.

ÉLECTEURS DU CANTON NORD,

FEREZ-VOUS UN REPROCHE A M. PRAROND DE S'ÊTRE ASSOCIÉ AVEC LA JUSTESSE D'UN ESPRIT INDÉPENDANT, HABITUÉ AUX SÉVÈRES MÉDITATIONS DE L'ÉTUDE, A SES GÉNÉREUSES ASPIRATIONS? HÉSITEREZ-VOUS ENTRE LE CANDIDAT QUI AFFIRME CE QU'IL EST ET CE QU'IL VEUT, ET. . . . . . . (1) ?

UN ÉLECTEUR.

J'aurais à m'excuser de recueillir cette manifestation dont je ne puis que m'honorer trop, si ce n'était d'abord un moyen pour moi de me conserver présent le témoignage d'une amitié précieuse ; puis, si la première partie de cette manifestation ne renfermait de sages leçons.

(1) Je supprime ce qui ne me regarde pas dans ce placard.

Somme, le mercredi 30 septembre, il a notifié au Directeur du journal que le numéro du mardi 29 avait déplu.

« Une notification de ce genre, en présence de l'état de siége où nous nous trouvons encore, a une gravité qui ne saurait échapper aux Électeurs. Est-ce donc ainsi que la liberté de la discussion des actes politiques et administratifs des Candidats est comprise et respecté ?

« . . . .

« C'est a vous, Électeurs, qu'il appartient d'affirmer votre indépendance en votant, etc. . . .

. . . .

« Un groupe d'Électeurs. »

2 Octobre 1874. — Deux faits auxquels j'attache quelque honneur me sont reprochés. Je ne puis plus garder tout-à-fait le silence et je livre à une nouvelle circulaire quelques alinéas de petite histoire municipale (1).

---

(1) A MESSIEURS LES ÉLECTEURS DU CANTON NORD D'ABBEVILLE.
Messieurs,
Un journal de ce soir exploite contre ma candidature deux faits dont j'ai déjà maintes fois donné les raisons et que rien ne m'engage à désavouer.
Je n'ai qu'une heure pour répondre ; je la saisis.
J'ai donné, un jour, ma démission du Conseil municipal et, un autre jour, ma démission d'une Commission administrative.
Il entre dans le jeu de certaines personnes de feindre l'oubli et de demander pourquoi.
J'ai de la mémoire toute prête pour ces personnes.
Première réponse :
Je pense que la plus haute place dans l'estime publique appartient aux

4 Octobre 1874. — Il ne me reste plus qu'à remercier les libéraux électeurs du canton nord d'Abbeville (c'est ce que j'ai fait dans une lettre que les journaux ont bien voulu leur faire parvenir). Partout, dans la ville et dans les villages, excepté à

corps élus, et je crois que ces corps, par respect pour les Électeurs, non moins que pour eux-mêmes, doivent avoir la jalousie de leurs droits, et cette jalousie, quand je fais partie d'un de ces corps, je la sens très-vivement.

J'ai donné ma démission du Conseil municipal en 1860 par suite de circonstances qu'il n'est pas nécessaire d'être bien vieux pour connaître. Alors un Maire engageait la Ville dans une dépense de plus de 20,000 francs pour une entrée ou une fête du Chef de l'État, et quand je proposais de ne demander à la Caisse de la Ville que la somme votée pour les précédentes entrées ou fêtes, je ne pouvais faire inscrire au procès-verbal une observation d'économie si simple. Or, qu'est-ce qu'un procès-verbal où ne peuvent être reproduites les protestations qui tendent à sauvegarder les deniers communs contre les prodigalités, en d'autres termes, contre les aggravations de charges? Que dirai-je encore? Nos registres municipaux sont pleins d'*adresses* que je n'apprécierai pas dans ces mots, mais auxquelles le Conseil n'adhérait pas unanimement. Que l'on ouvre ces registres, nulle trace de discussion. Pas plus que moi, ceux de mes collègues qui n'approuvaient pas les textes proposés ne pouvaient obtenir que le dissentiment fût constaté par un compte inscrit des voix. — Je n'ai plus trouvé la situation possible ; je me suis retiré sans protestation d'apparat, par une lettre au Maire dont j'ai conservé la copie et que doit garder un carton de la Mairie (1).

Seconde réponse :

Membre de la Commission administrative en 1871, je demandai, par respect encore pour le principe électoral, que l'ancien Conseil élu rentrât dans ses fonctions. Je suis le premier à reconnaître les services qu'a rendus cette réunion d'hommes recommandables et dévoués (2) mais la majorité de cette commission n'ayant pas voulu, après une délibération dont j'ai noté les détails, insérer, en définitive, dans ses procès-verbaux les paroles auxquelles je m'étais restreint en faveur de l'ancien Conseil, j'aurais cru manquer à un engagement pris personnellement par moi devant mes collègues avant la formation de la Commission, si je n'avais pas résigné mes fonctions.

(1) Plus tard en 1865, j'ai protesté contre certains procédés de l'administration impériale portant atteinte à la franchise électorale : *Retour sur les dernières élections,* etc. Amiens, imprimerie de Lenoël-Hérouart, 1865.

(2) Dans un volume qui paraîtra sous peu, j'ai rendu la justice très-méritée aux travaux de cette Commission, aux services de chacun de ses Membres, depuis le jour où elle est entrée en fonctions jusqu'au jour où le Conseil actuel fut installé.

— 40 —

Laviers (1), ils ont pu montrer qu'ils formaient une belle majorité. Pendant tout le cours de la période électorale, je me suis abstenu, suivant ma promesse du 18 septembre, de toutes démarches auprès d'eux. Ils m'ont su gré de cette réserve. Leurs suffrages me demeureront doublement précieux ainsi que je le leur écris. J'ai à remercier en même temps qu'eux un de mes plus anciens amis, M. Charles Louandre, de la

Voilà, on me force à le dire, comment j'entends le respect dû aux Électeurs.

Le moment rapproché du scrutin ne me permet pas le développement des faits qu'il m'a fallu rappeler, mais l'histoire existe toute faite, sous ma main, avec les pièces justificatives au service des contradicteurs.

Que les personnes qui ont la bienveillance de s'inquiéter dans ce dernier quart-d'heure se rassurent donc. Si dans le cours de ma vie je suis appelé à faire partie de quelque Conseil élu, je ne signerai sans doute pas beaucoup d'adresses d'un certain genre, mais je ne laisserai jamais péricliter l'honneur que m'auront fait les Électeurs, et, en maintenant mon indépendance, je serai sûr de ne pas compromettre la leur. Je ne pécherais, certains cas échéant, que par excès de scrupules.

C'est ce que ma première lettre, Messieurs les Électeurs, vous a certainement fait comprendre et ce que je ne rappelle qu'aux personnes qui oublient systématiquement.

Agréez, Messieurs les Électeurs, l'expression de mes sentiments dévoués.

E. PRAROND.

Mardi soir, 2 Octobre 1874.

(1) Les opérations électorales de Laviers ont donné lieu à une discussion de droit que je retrouve dans le *Journal d'Amiens* du 26 Octobre :

QUESTION A UN JURISCONSULTE SUR UNE INTERPRÉTATION DE LA LOI ORGANIQUE DÉPARTEMENTALE DU 10 AOUT 1871.

Les électeurs d'un canton, lorsqu'ils ont à élire un mandataire commun, ont-ils le droit de surveiller les opérations électorales dans toutes les sections où le scrutin est ouvert, c'est-à-dire dans toutes les communes du canton qui prennent part à l'élection ? Cela ne semblerait pouvoir faire doute. L'article 15 de la loi organique départementale du 10 Août 1871 porte, en effet :

« Les élections peuvent être arguées de nullité par tout électeur du
« canton.

« Si la réclamation n'a pas été consignée au procès-verbal, elle doit
« être déposée au secrétariat général de la préfecture. Il en est donné
« récépissé. »

chaleur de cœur avec laquelle il a prié ceux des électeurs qui lui avaient offert la candidature de reporter leurs votes sur moi.

12 Octobre 1874. — Je retrouve (août 1877) quelques mots d'une lettre adressée à un ami, le 12 août 1874 : ..... « Efforçons-nous de constituer un régime impartial et quelque peu durable . . . . .

« Nous n'avons pas assez d'années pour retirer tant de jours au plaisir de vivre, de lire, d'apprendre, d'essayer de rendre les mots plus sonores et de tenter d'y faire entrer le monde et quelques-unes de nos humbles impressions.

« Philosophie hors de saison d'ailleurs. Qui sait si un coup de ruse ou de force ne se chargera pas de nous rendre avant six ans à nos retraits, c'est-à-dire, en ce cas, à des tristesses qui seront les dernières de notre vie déjà longue ? »

Comment donc « tout électeur du canton » pourrait-il arguer les élections de nullité en faisant consigner sa réclamation au procès-verbal, s'il n'avait le droit d'être présent au scrutin ? Les auteurs de la loi ont évidemment pensé, et avec raison, que tous les électeurs du canton, étant au même titre intéressés à la régularité des opérations, devaient avoir le droit de les contrôler de leurs yeux partout où ces opérations pouvaient leur donner l'inquiétude de les surprendre entachées de quelque vice.

Cependant, paraît-il, un petit nombre de maires n'acceptent pas cette interprétation naturelle qui ressort de l'esprit et des termes mêmes de l'article 15.

Aux dernières élections, dans l'arrondissement d'Abbeville, un maire n'a pas voulu reconnaître les droits consignés dans cet article pour un électeur du canton qui, n'appartenant pas à sa commune, était venu assister aux opérations. La courte présence de cet électeur dans la salle du scrutin suffit cependant pour lui faire constater quelques irrégularités. Ainsi, par exemple, les bulletins d'un candidat, d'un seul bien entendu,

Août 1877. — Une tentative inattendue fait cheminer de nouveau la pensée vers ces prévisions du 12 Octobre 1874. Espérons que la tentative nous suggère des craintes trop noires, mais soyons prêts et élevons nos âmes pour les tristesses possibles des espérances déçues.

19 Octobre 1874. — La session du Conseil général a été ouverte aujourd'hui. M. Dauphin, élu président, nous a dit en occupant le fauteuil :

« Messieurs,

. . . .

« Depuis votre session d'août 1873, un grand fait s'est accompli : l'Assemblée nationale, usant de son pouvoir constituant, a remis pour sept ans la présidence de la République au maréchal de Mac-Mahon. Cet acte, d'abord diversement apprécié, est aujourd'hui accepté par tous, et quelles que soient les

---

étaient étalés sur la table du vote devant la boîte. Nous n'insisterons pas sur ce fait ; nous ne voulons qu'un éclaircissement de droit. A peine noterons-nous que la commune où le fait s'est produit (Laviers) est la seule qui ait donné une majorité, mais, il faut le dire, une belle majorité au candidat dont le nom était ainsi exposé aux yeux et à la main des électeurs. Nous ne tirons nulle conséquence de cette remarque. La simple vue de bulletins sur une table, sans autre impression donnée, peut-elle avoir une influence sur l'esprit des électeurs? Ce n'est pas la question ici. Nous voudrions seulement faire appel à quelque sage jurisconsulte sur l'interprétation équitable qu'il convient de donner à l'article 15 de la loi du 10 Août 1871. Nous serions heureux de recevoir une réponse qui pût fixer les électeurs sur leur droit, et les armer, aux élections futures, contre la jurisprudence sortie de Laviers.

Un Électeur.

réserves dont il reste encore entouré, il est facile de pressentir qu'il conduit à une solution définitive. Cette solution, j'espère, quant à moi, pour la tranquillité et la prospérité du pays, que les lois constitutionnelles la donneront dans un avenir prochain, en réglant les conditions de la succession ou de la réélection du maréchal président. Mais s'il en est autrement, il ne peut échapper à personne qu'elle sortira naturellement de cette période de sept années pendant laquelle la forme républicaine aura maintenu l'ordre et les principes conservateurs sous la présidence d'un simple citoyen. C'est cette perspective, plus ou moins consciemment présente à tous les esprits, qui les attire à une œuvre générale de conciliation, dont je serai fier d'être, dans cette enceints, le modeste artisan. »

5 Novembre 1874, Amiens. — Quinze membres du Conseil général ont signé et déposé cette proposition de vœu tendant à la levée de l'état de siége :

« Nous avons l'honneur de présenter au Conseil général le projet de résolution suivant :

« Considérant qu'aux termes de l'article 50 de la loi du 10 Août 1871, le Conseil général peut adresser directement au Ministre compétent, par l'intermédiaire de son Président, les réclamations qu'il aurait à présenter dans l'intérêt spécial du département ;

« Considérant que la question de savoir s'il y a lieu de maintenir, dans le département de la Somme, l'état de siége décrété au mois d'Août 1870, à l'approche de l'invasion, est une question qui intéresse spécialement le Département ;

« Que la loi du 9 Août 1849 porte : « l'état de siége ne peut être déclaré qu'en cas de péril imminent pour la sécurité intérieure ou extérieure ;

« Que le territoire de la Somme étant délivré, depuis plus de trois ans, de la présence de l'ennemi, le maintien de l'état de siége ne peut plus être qu'une mesure d'administration intérieure, et que les circonstances actuelles permettent d'y mettre un terme, sans péril pour la sécurité du Département ;

« Le Conseil général,

« Emet l'avis que le moment est venu de demander à l'Assemblée la levée de l'état de siége dans le département de la Somme, et charge son Président de transmettre à M. le Ministre de l'Intérieur la présente délibération. »

Suivent les quinze noms.

La question préalable est demandée par le Préfet. M. Goblet obtient la parole sur la question préalable et défend habilement, juridiquement, la proposition des quinze membres. Le Préfet persiste à demander la question préalable. Le scrutin public donne pour l'adoption du vœu dix-sept voix : Hamel, Rouge-Hallouin, de Douville-Maillefeu, Caron, Goblet, Labitte, Frichot, F. Petit, du Grosriez, Vion, Mollien, Gambier, Dhavernas, Jametel, Lardière, Prarond, Magniez.

Je n'ai pas à désigner par les noms de mes collègues les vingt voix opposées, deux abstentions, une absence au moment du vote.

6 Novembre 1874, Amiens. — Le vote d'encouragement budgétaire aux bibliothèques communales ne passe pas toujours sans apparence d'hésitation. Il semble, lorsque le mot de bibliothèque est prononcé dans cette salle, qu'un peu de défiance vole dans l'air. Le premier crédit a été voté en 1872. A cette date (31 Août), le débat a occupé une partie de la séance. Il est vrai qu'en 1873, le rapport a obtenu un vote immédiat (Séance du 22 Août). Il y a quelques jours, (30 octobre), le rapport de M. du Grosriez a été moins heureux. Il contenait quelques observations inquiétantes, rappelant un acte gouvernemental récent, le refus d'accorder à la société Franklin le bénéfice de la déclaration d'utilité publique, « acte de nature à mettre en suspicion, auprès des esprits libéraux, les tendances ministérielles sur les questions de bibliothèques. » Il dut être déposé après lecture pour l'étude des membres à qui la demande de crédit avait paru « accompagnée de considérations telles » etc... La discussion est venue aujourd'hui et a été fort longue. Le Préfet a pris la parole d'abord pour exposer les opérations de l'année, puis le débat s'est engagé. Le rapporteur, M. du Grosriez, a dit à l'occasion du catalogue imposé pour le choix des livres :

« .... il y a donc une science officielle, une littérature officielle, une morale officielle ?

« Je ne crois pas que soit par de semblables procédés et en suivant de pareils errements que nous arriverons à développer, dans notre pays, l'esprit d'initiative qui lui manque. On se plaint toujours que nous sommes incapables de liberté, et on ne fait rien pour nous apprendre à penser et à agir par nous-mêmes. Il se présente, aujourd'hui, une occasion de faire preuve d'un libéralisme vrai, et de la façon la moins périlleuse ; il me semble que nous devrions être tous d'accord pour en profiter. » Puis MM. de Rambures, de Neuvillette, Hamel, Béthouart, Jametel, de Butler, Méhaye ont pris la parole en différents sens. M. de Neuvillette ayant enfin présenté un amendement auquel la commission s'est ralliée, la subvention mise aux voix a été votée.

30 Novembre 1874. — Les élections municipales ont eu lieu les 22 et 29. — Beaucoup de listes différentes, beaucoup d'affiches de polémique. Ces élections assez chaudes ont été encore une sorte de petite révolution dans la ville.

1875.

31 Janvier 1875. — Nous allons donc avoir une Constitution ; il n'est que temps. Espérons que l'acte constitutionnel qui sortira des débats de l'Assemblée nationale ne donnera pas prétexte, en pays libres, aux mauvais propos que je découpais en 1863 dans un journal. — Il s'agissait, dans l'opinion du journaliste, du peu de garantie qu'offrirait une Constitution pour la Pologne :

As to a Constitution ……….. the word has ceased to have a meaning. There are Constitutions with chambers for show, but with neither liberty of the person nor of the press. It is, in fact, the frill without the chemise, the ornamental part of constitutional government without the necessary or solid portion ………… After the examples of France, Prussia and Austria, we have no desire to hear talk of a Constitution. — *L'Examiner* repris par le *Galignani's Messenger* du 4 Mars 1863.

1877. — *The fril without the chemise,* n'est-ce pas là encore pour M. de Broglie, pourrait-on croire, tout le commentaire de la Constitution de 1875 qu'il a cependant contribué à coudre ?

2 Mai 1875. — Cette année sera une année de travail politique. Aujourd'hui a eu lieu à Amiens, dans la salle Saint-Denis, une réunion privée qu'a présidée un vétéran des assemblées françaises, M. Gaulthier de Rumilly, aujourd'hui encore représentant de la Somme comme en 1831, comme en 1848. Des discours ont été prononcés par lui et par ses collègues de l'Assemblée nationale, MM. Goblet et Barni. Ces discours font désormais partie de l'histoire de l'opinion dans notre pays. Les historiens du département les retrouveront et les apprécieront un jour. M. Gaulthier de Rumilly, en qui la religion libérale s'est fortifiée depuis quarante-cinq ans de luttes, a pu les résumer ainsi : « Nous ne sommes pas de ceux qui prennent l'inertie pour de la modération et qui croient que la sagesse est dans l'immobilité. »

16 Août 1875, Amiens. — Le président réélu du Conseil général, M. Dauphin, vient de dire à son tour :

« Le département de la Somme est essentiellement conservateur. Toutes les opinions y sont représentées ; elles y luttent vivement les unes contre les autres, aux époques de crise politique. Mais lorsque la solution apparaît, lorsque, après une laborieuse préparation, une constitution définitive est votée, la presque unanimité de nos commettants s'y rattache............; les préférences et les préventions cèdent devant le patriotisme et le respect de la légalité, et, partis de points bien éloignés, nous arrivons à nous réunir en un centre commun autour de la République et du Maréchal qui la préside et l'illustre......

« La France ne se relèvera qu'à cette condition.....

« A côté de la défense armée, il y a la défense pacifique d'un peuple qui se possède, qui se gouverne, qui fait corps, et qui, ne voulant plus d'aventures, maintient froidement son droit au dedans et au dehors...... »

Tout cela plus enveloppé de précautions que la partie satisfaite du Conseil ne l'aurait désiré, mais c'est beaucoup déjà pour le président de faire accepter de bon visage ces paroles par la partie moins contente.

1er Septembre 1875. — La loi sur l'enseignement supérieur a été votée en troisième lecture le 12 juillet; elle a été promulguée le 27 du même mois. Aujourd'hui des journaux nous apprennent qu'un livre d'histoire désigné aux bibliothèques communales par M. Duruy, *Petite histoire du peuple français,* de M. Paul Lacombe, vient d'être interdit dans les écoles, sous le ministère de M. Wallon, par le Conseil supérieur de l'instruction publique. Le livre, édité par la maison Hachette, circulait depuis dix ans avec les autres livres classiques de cette maison.

La *Petite histoire* de M. Lacombe est-elle bonne, est-elle mauvaise? je ne la connais pas. Il est toujours permis de dire que l'interdiction vient vite après la loi qui doit donner la *liberté* dans la *haute sphère* des études.

On chicane aussi des candidats aux divers doctorats sur les sujets de discussion qu'ils ont choisis; on supprime des thèses, on rature des diplômes. Le domaine des sciences, des spéculations intellectuelles, a des parties réservées, secrètes, comme un terrain de chasse ou le musée de Naples. Ainsi que de simples cantons de théologie, les vastes étendues de la Sagesse, sarclées ministériellement, ne peuvent plus voir fleurir que des conclusions forcées au bout de questions bien triées. De notre temps, sous nos ministres, le poëte de *la Nature des choses* n'eût pu être reçu docteur. Peut-être vous permettra-t-on une thèse sur Lucrèce, mais Lucrèce lui-même ne pourrait faire donner le bonnet de M. Wallon à Lucrèce. Certes, je comprends que l'on préfère, et je préfère, Platon à Epicure, mais de quel droit des examinateurs de Sorbonne s'attribuent-ils des infaillibilités vaticanes et prennent-ils leurs fauteuils pour des cathèdres ? Il est vrai que tout n'est pas leur faute dans ces prétentions.

31 Octobre 1875. — J'écrivais dans ces notes le 2 mai dernier : cette année sera une année de travail politique. Les représentants de la Somme continuent à prendre chez nous-mêmes leur part de la tâche. Une nouvelle réunion privée a été tenue à Amiens dans la vaste salle Saint-Denis. Présidée encore par M. Gaulthier de Rumilly, elle a entendu des discours du président et de ses collègues de l'Assemblée, MM. Goblet, Barni et Magniez. C'est ainsi que peu à peu et sans danger on habituera la France aux libres pratiques des meetings de l'Angleterre et de l'Amérique.

Décembre 1875. — Nous allons avoir un sénat. Il peut être bon ; du moins, la partie inamovible nommée par l'Assemblée étonnée de son œuvre ne défend pas de le croire ainsi. Je veux l'espérer très-bon. Cependant je prends la liberté d'imiter ces Grecs de Lycurgue qui mettaient les enfants au régime de l'exemple et je lui dédie avec tous les scrupules du respect deux résumés de séances sénatoriales de 1866. Les grandes pitiés de l'Empire n'étaient que faiblement égayées par de telles saynètes.

MOLIÈRE AU SÉNAT.

Séance du vendredi 8 juin 1866.

9 Juin 1866. — La *première* assemblée de l'État compte *dans son sein* quelques académiciens, devant lesquels les autres se piquent d'érudition. Un dialogue s'est engagé hier en séance (1) entre deux de ces derniers.

PREMIER SÉNATEUR.

Nous vivons sous un prince....

SECOND SÉNATEUR.

ennemi de la fraude.

Les citations des grands poëtes sont-elles bien prudentes dans les corps politiques ? Molière peut faire songer à Shakspeare.

BRABANTIO.

Thou art a villain.

IAGO.

You are a senator.

(OTHELLO, scène 1re.)

---

(1) Séance du vendredi 8 juin 1866, délibération sur le rapport présenté au Sénat (par M. Lefebvre-Duruflé) au sujet des pétitions relatives à la délimitation du jardin de Luxembourg. On sait de quelle vertu rigoriste a fait preuve M. Lefebvre-Duruflé à propos de la Pépinière.

LE 14 JUILLET 1866 (1).

Saynète sénatoriale.

Présidence de M. le premier Président Troplong.

« *L'ordre du jour appelle la délibération sur le projet de Sénatus-Consulte portant modification de la Constitution, et notamment des articles 40 et 41.* »

Motifs de l'ouverture.

La prise de la Bastille. — Le rapport de M. Troplong (amendes de 500 à 10,000 fr. contre tout vœu exprimé par la parole ou par la presse, ouvertement ou par insinuation perfide, pour l'amélioration de la Constitution). — La conclusion du discours de M. de Boissy (que Dieu protége la France ; que Dieu sauve l'Empereur, et que l'Empereur conserve le jardin du Luxembourg!).

L'OMBRE DE CAMILLE DESMOULINS
Se promenant autour de la pièce d'eau devant le palais.

En ce jour, tout un peuple, en abattant tes pierres,
Bastille aux canons doux près du moderne airain,
A cru, de tes débris épars sur le terrain,
Voir surgir la Loi, reine aux tranquilles paupières,
Tenant un livre : Droit du peuple souverain.
Eussent-ils, ces bourgeois, fiers de vertes cocardes,
Pu savoir que si vite au Dieu des hallebardes,
Succéderait Celui du sabre au fil brutal ;

---

(1) La pièce qui suit n'est pas sérieuse, mais je ne sais si l'on pouvait traiter sérieusement ce sénat, bien qu'il ait tiré quelque lustre de deux hommes, assez soumis d'ailleurs, MM. Mérimée et Sainte-Beuve.

Qu'au héros provoqué par les Gloires sinistres,
Ton dernier bloc tombé serait un piédestal,
Et que, honte et rougeur ! du séducteur fatal
Tes vainqueurs survivants deviendraient les ministres ?

CHŒUR DES STÉNOGRAPHES.

Aujourd'hui le Sénat siége et discute ; il est
Grave sous les chaleurs du quatorze Juillet.
Soixante et dix-sept ans roulés dans ta poussière,
Bastille, ont bien blanchi la liberté, sa mère.

UN HUISSIER PHILOSOPHE.

Il s'agit, paraît-il, d'orner d'un léger poids
La plume, la parole et tous les mauvais droits.
Messieurs les Sénateurs seront exacts ; les membres
Que la goutte et la toux retiennent dans leurs chambres
Ont écrit ; — un zélé doit crever un brancard.

UN STÉNOGRAPHE.

La séance est ouverte à deux heures un quart.

UN SOLISTE MISANTHROPE, *dans le jardin.*

Sur le dernier chaînon la soudure est complète.
Qui donc disait aux rois : détestables flatteurs ?
Pauvres rois ! ils n'avaient alors ni sénateurs
Ni..... je tairai les noms par pudeur. Qu'on les plaigne.
On ne savait alors ce que c'est qu'un vrai règne
Démocratique, avec un peuple souverain
Dont un tout petit coup d'état soumit le rein

ORDRE DU JOUR ET RÉSUMÉ LIBRE.

Fait simple : Avons-nous droit à l'air en politique ?

De ces habits frappés d'un pli cataleptique
Aucun ne s'est levé que monsieur de Boissy,
L'homme juste et tenace... à côté de Sacy.
Du conseil héritier des gravités de Rome,
L'excentrique vieillard s'est montré le seul homme.

M. LE MARQUIS DE BOISSY *et interruptions variées.*

Messieurs les Sénateurs emanés du Pouvoir
Peuvent-ils discuter sans manquer au devoir ?
Me sera-t-il permis encor d'être sincère ?
Le silence m'est-il imposé comme à tous ?
— *Rumeurs. C'est incroyable. Aux voix! Expliquez-vous.*
Ce sénatus-consulte est-il bien nécessaire ?
— *Bruits.* — Le gouvernement personnel n'a-t-il pas
Ses dangers ? Nul meilleur s'il s'appelle Alexandre
Ou Minos, mais souvent on voit trembler les pas
De Salomon vieilli comme ceux de Cassandre.
Est-ce que, par hasard, à soixante-dix ans,
A quatre-vingts, un prince a les mêmes pensées
Et les mêmes désirs qu'a trente ? — *Bruits croissants
Mêlés de rires.* — Donc, conséquences forcées....
— *Cris.* — Le gouvernement personnel est-il bon ?
— *Aux voix ! Définissez. Une explication !*
Soit ; ce gouvernement veut des hommes de cire
Sous un Prince-Soleil. L'astre, dieu triomphant,
Voit tout, éclaire tout et fond tout ; il défend
Aux Sullys, aux Eloys, de lui répliquer : Sire,

Telle chose ricane à l'envers ; réparons
Ce désordre ; chassons du marché les larrons..
Messieurs, dernièrement, je lisais dans les œuvres
De Napoléon... — *Bruit.* — De Napoléon trois...
— *Murmures variés.* — Je cite sans manœuvres ;
J'ai mon texte et la page. — *Aux voix, aux voix, aux voix!
Tumulte. Aux voix ! Silence à l'orateur ! Décence !*
— Messieurs, j'aime d'instinct et par reconnaissance
La liberté. — *Malaise au coin des maréchaux.*
— Messieurs, je serai court car les temps sont bien chauds.
Aux voix, grondent en chœur des fauteuils d'éloquence.

RÉSUMÉ LIBRE.

Laissons parler messieurs de la Rue et Rouland...
Ils ont dit. Qu'ont-ils dit ? Votez, *verba volant* (1).

CHŒUR

d'hommes d'état et de journalistes officieux.

Panglos peut applaudir et l'affaire est bâclée.
Calomnier l'exil, faire mentir Dieu, soit.
Nous encouragerons à la rigueur ce droit,
Mais quant à l'acte saint sorti de la râclée
De Décembre et voté tiède encor du canon,
Y toucher en parole ! ah ! mille et cent fois non.
Sur quelques droits caducs frissonne l'agonie,
Bah ! la France est à nous et la Prusse au tambour.
Que nous reste-t-il donc à craindre ?

NOTE AIGUE DANS LE CONCERT.

L'ironie
De ce vœu : l'empereur sauve le Luxembourg !

---

(1) L'ensemble du sénatus — consulte est adopté au scrutin par 115 voix sur 115 votans.

28 Décembre 1875. — « Les hommes qui mettent toujours en avant le nom de M. le Maréchal de Mac-Mahon, sont-ils ou paraîtront-ils infailliblement plus tard de très-honnêtes gens ? Je ne connais personne qui ne professe le plus profond respect pour le maréchal Président de la République, mais ne voir dans la Constitution qu'un homme, substituer en quelque sorte, et d'une façon systématique, cet homme aux institutions, n'est-ce pas là une singulière disposition et une méthode singulière pour faire l'éducation politique d'un peuple qu'on a trop habitué déjà à compter plus sur des personnes que sur des lois ? Epargnons au maréchal l'injure des rapprochements que certaines déclarations mal calculées pourraient faire naître dans les esprits et laisser dans l'histoire. » — APPENDICE AU JOURNAL, page 83.

Ces lignes de Décembre 1875 ne semblent-elles pas mieux écrites encore pour Août 1877 ? Les hommes qui compromettent le nom du Président de la République pour certaines vues ont suivi leur train et la langue politique a été enrichie d'un mot nouveau depuis 1875 : Mac-Mahonien.

... Décembre 1875. — Les candidats au Sénat envoient leurs circulaires aux électeurs sénatoriaux, aux conseillers municipaux, etc.

1876.

Janvier 1876. — Distributions continuées de circulaires dans le courant du mois.

16 Janvier. — Les conseillers municipaux des villes et des villages nomment leurs délégués pour les élections sénatoriales du 30.

30 Janvier. — Les électeurs sénatoriaux se réunissent à Amiens, dans la grande salle du Palais-de-Justice.

Sénateurs élus :

MM. Dauphin ;
 Vicomte de Rainneville ;
 Vice-amiral de Dompierre-d Hornoy.

21 Août 1876, Amiens. — En prenant possession du fauteuil de la présidence au conseil général, M. Dauphin a prononcé ces paroles :

« . . . .

« Le gouvernement, d'accord aujourd'hui avec le pays, a nettement adopté une politique républicaine et conservatrice. Le premier résultat de cette nouvelle attitude a été de produire un remarquable apaisement de l'esprit public et de nous permettre d'oublier d'inutiles controverses pour nous occuper des besoins des populations.

« La loi sur l'élection des maires, qui a été votée dans les deux Chambres, à une majorité considérable, augmentera la force et l'indépendance des communes. Mais il appartient aux Conseils généraux, chargés en partie de leur tutelle, de maintenir l'unité départementale et de préserver la France d'une décentralisation excessive..........»

1877.

29 Mai 1877. — M. Bertereau, secrétaire général de la préfecture de la Somme, puis préfet des Deux-Sèvres, puis de la Haute-Saône. a été révoqué par M. de Fourtou.

Nous avons trop rarement, pour notre désir, depuis quelques années, l'occasion d'adresser de bons compliments aux administrateurs, j'entends à ceux de la vraie ADMINISTRATION, que nous payons et que nomment les ministères. Des cas étranges nous permettent seuls de nous dédommager. Aujourd'hui trois départements, la Somme, les Deux-Sèvres, la Haute-Saône, ont le devoir de saluer respectueusement un homme qui les a servis avec un sourire honnête. La Somme particulièrement se souvient du secrétaire général exact, empressé à signer, à répondre, impartial en temps d'élections. M. Bertereau ne fait pas le geste d'un homme qui cherche une branche en tombant ; il vient d'écrire à M. de Fourtou :

Vesoul, le 24 Mai 1877.

« Monsieur le Ministre,

« C'est aujourd'hui 24 Mai que je reçois la lettre officielle, en date du 23 courant, par laquelle vous me faites l'honneur de m'informer « que des considérations dont le gouvernement avait à tenir compte, vous ont mis dans la nécessité de provoquer ma révocation de préfet de la Haute-Saône.

« Je vous remercie de cette marque d'estime.

« Vous saviez, en effet, que, nommé préfet des Deux-Sèvres par M. Ricard et préfet de la Haute-Saône par M. Jules Simon, j'étais fermement résolu à prêter mon concours au gouvernement de la République. Je ne pouvais, en conséquence, m'associer à la politique du nouveau cabinet dont vous faites partie.

« Agréez, Monsieur l'assurance de ma haute considération,

ÉDOUARD BERTEREAU,
Ancien préfet de la Haute-Saône et des Deux-Sèvres.

... Juin 1877. — Quelle est donc l'inconséquence des hommes qui s'estiment par excellence les défenseurs des traditions, les *conservateurs ?* décentralisateurs, puis recentralisateurs, etc., etc. — Ce ne sont que des gens d'expédients, c'est-à-dire tout l'opposé de gens de fidélité. Leur fidélité c'est leur infatuation. Le principe mue chaque jour pour ces sauveurs. Il est bon quand il les appelle aux fonctions et les emploie, mauvais quand il les repousse. Ils ressemblent aux enfants qui brouillent les dominos quand le jeu tourne contre eux.

On a vu, par exemple, les théoriciens de la décentralisation qui emplissaient l'Assemblée nommée après la guerre, faire bon marché à quelques mois d'intervalle des libertés des communes. — « Que veulent, disions-nous au 18 Mars 1871, ces émeutiers de Montmartre, pourquoi cet Aventin ? Des libertés municipales ? Mais qu'ils considèrent donc cette Assemblée, qu'ils y comptent les vieux prêcheurs, les fanatiques des franchises locales. Pensent-ils que ces hommes, devenus députés, laisseront tomber leur parole dans l'eau ? » — Eh bien ! un an ou deux plus tard ces beaux Messieurs approuvaient M. de Broglie renommant tous les maires de France.

Aujourd'hui 1ᵉʳ Juillet 1877, on ne peut déjà plus compter les préfets, secrétaires généraux, conseillers de préfecture, sous-préfets, maires, conseillers municipaux, députés, journalistes, francs-maçons, etc.,

etc., que le ministère a destitués, fait voyager, atteints d'une manière ou d'une autre, privés de lieux de réunion ; et la chasse de salut social ne fait, dit-on, que commencer.

10 Juin 1877. — Aujourd'hui a eu lieu à Abbeville, dans la Halle aux toiles qui a réuni 1600 personnes et sous la présidence de M. Gambetta, une conférence au profit de la Bibliothèque populaire. Le discours principal a été prononcé par M. Goblet, maire d'Amiens, entre quelques paroles — du monstre (1). La politique, épiée soigneusement par l'administration sous-préfectorale, a été, adroitement et avec des égards, écartée de la réunion, mais on la devinait tout près, derrière la porte. Elle n'a pas paru ; on a vu son voile.

Ce soir, dans la salle décorée du théâtre, banquet offert, sous la présidence du député d'Abbeville, au député de la Seine. Dans cette nouvelle réunion, privée, quoique composée de trois cents convives, la politique, avait droit d'entrée. Elle est entrée, tenant en main les lettres de deux sénateurs de la Somme, MM. Gaulthier de Rumilly et Dauphin. M. Gaulthier de Rumilly ne pardonnait à précautions de santé que dans l'espoir d'être exact « au combat fixé pour le 16 » — une élection de sénateur inamo-

(1) Que serait-ce si vous aviez entendu le monstre lui-même ? — *Paroles d'Eschine sur Démosthènes.*

vible, — et de pouvoir ainsi « assurer une voix solide au Sénat » ; M. Dauphin, en exprimant le regret de son éloignement forcé, devenait en réalité présent par ces mots : « ....Je crois comme vous que dans la crise que nous traversons, rien ne doit être négligé pour éclairer les électeurs sur la nature et les dangers du coup d'état parlementaire obtenu du Maréchal par les ennemis de la République.

« Je crois aussi que, malgré les dissidences d'opinions sur certains points, les trois Gauches de la Chambre des députés et du Sénat doivent affirmer énergiquement et surtout prouver par les faits leur étroite union contre le ministère et contre la coalition impuissante et téméraire qui trouble en ce moment le pays..... »

Le banquet n'a été qu'un épisode entre la lecture de ces lettres et le discours de M. Gambetta.

La sous-préfecture, voisine du théâtre, aura cette nuit un sommeil agité et rempli de rêves à catastrophes.

... Juillet 1877. J'éprouve le besoin de répéter encore aujourd'hui ce que j'écrivais le **28 Mai 1872** : « — Nous rencontrons quelquefois des gens avides de sujétion, d'obéissance, d'anéantissement individuel, titubant de frayeur, ivres de timidité. Ces gens ont le besoin maladif, tremblant, d'être protégés. Quelques-uns demandent un grand sabre. Ils visent particuliè-

rement l'ordre politique ; d'autres ont le besoin tremblant aussi de ne pas penser par eux-mêmes, de ne se déterminer que par autrui, de recevoir un commandement étranger pour leur direction intellectuelle ; ils visent plutôt l'ordre moral et religieux. »
— APPENDICE, page 44.

13 Août 1877. — Je lis : « Un instituteur public de Doullens écrit dans une lettre confidentielle, sur le 16 Mai, ce que beaucoup de gens en disent tout haut ou du moins en pensent. Le préfet a eu connaissance de cette lettre, et, comme l'instituteur s'en est reconnu l'auteur, il a été révoqué.

« C'est égal, il y aura toujours des gens qui auraient trouvé plus *moral* de révoquer le dénonciateur, s'il est, lui aussi, chargé d'enseigner la jeunesse. » — *Temps du* 13 *Août*.

20 Août 1877, Amiens. — Ouverture de la session du Conseil général. Les circonstances tout à fait insolites dans lesquelles le ministère a placé le gouvernement et nous place attireront certainement sur cette session l'attention publique.

Aussitôt après l'allocution de Président d'âge, M. Béthouart lit, en son nom et au nom de vingt-et-un de ses collègues, la déclaration suivante :

« Messieurs,

« Le Conseil général se réunit aujourd'hui dans des conditions anormales.

« Il ne lui appartient pas de rechercher ni d'apprécier les motifs pour lesquels le Gouvernement a refusé de faire procéder au renouvellement partiel à l'époque prescrite par la loi du 10 août 1871 et oblige des conseillers généraux élus pour six années, c'est-à-dire pour douze sessions ordinaires, à siéger une treizième fois dans une session qui s'ouvre de plein droit, et qu'il n'est permis de considérer, en quoi que ce soit, comme extraordinaire.

« Mais le Conseil général doit constater que cette situation n'est pas son fait, qu'il la subit dans l'intérêt des affaires départementales, et qu'il conserve, à défaut d'élection de nouveaux représentants, la plénitude de son mandat, de ses attributions et de ses devoirs.

« En conséquence, les soussignés vous proposent de prendre la délibération suivante :

« Le Conseil général de la Somme, regrettant qu'il n'ait pas été procédé suivant les prescriptions de la loi aux élections partielles, déclare ouvrir la première session ordinaire de l'année 1877-1788, et, pour rester autant qu'il est en son pouvoir dans la légalité, décide qu'il délibérera sur toutes les affaires départementales autres que le budget 1878 et qu'il nommera son bureau, ses commissions réglementaires, et la commission départementale, étant entendu que leurs pouvoirs prendront fin lorsque le renouvellement partiel aura été opéré.

Signé : « Magniez, Mollien, Jametel, Caron, Desprez, Vion, Dauphin, Peltot, P. Labitte, de Douville-Maillefeu, du Grosriez, Goblet, Frédéric Petit, Dhavernas, Fournier, Frichot, Béthouart, Dieu, Brulé, Gambier, Delattre, Prarond. »

Cette déclaration n'est pas votée sans échange de paroles, mais elle est adoptée enfin par vingt-six votants sur vingt-sept et contre douze abstentions.

Les conseillers qui ont tenu à faire précéder leurs travaux de cette protestation sont MM. Desprez, Caron, Gambier, Peltot, Rouge-Hallouin, Vion, Jametel, Dieu, Dauphin, Dhavernas, Prarond, Frichot, Brulé, Mollien, Delattre, Labitte, Lallouette, Fournier, de Douville, du Grosriez, Magniez, Descaure, Frédéric Petit, Goblet, Dhardivillers, Béthouart.

Conformément à la déclaration votée, les membres de l'ancien bureau ont été, non maintenus, mais successivement et régulièrement réélus, sans dispersion de voix, mais contre douze bulletins blancs.

M. Dauphin a pris place alors au fauteuil et a dit :

« . . . .

« Messieurs, le Conseil général ouvre sa session ordinaire au milieu d'une crise politique dont il ne faut ni diminuer ni exagérer la gravité.

« La France en attend la solution patiemment et avec confiance dans l'honneur du président de la République, dans la sagesse inébranlable des populations et dans le verdict souverain d'une majorité électorale patriotiquement attachée à la Constitution républicaine.

« Il nous appartient, en nous renfermant plus scrupuleusement encore que jamais dans nos attributions, de donner à tous l'exemple du respect de la légalité. Mais, en même temps, seuls représentants du pays investis à cette heure du droit de nous assembler, nous avons le sentiment profond de notre responsabilité et de nos devoirs. »

Le préfet, répondant à cette partie du discours du président du conseil, s'est associé à ses paroles : « Je n'ai, au nom du gouvernement, a-t-il dit, rien à en retrancher, rien à y ajouter ; je n'ai qu'à y applaudir. Comme lui je suis assuré que le gouvernement trouvera, en ceux qui sont en haut de l'échelle et en ceux qui représentent le département de la Somme, les défenseurs énergiques de la légalité et de la Constitution (1). »

Les raffinements de la subtilité actuelle et des interprétations sont tels que des paroles semblables peuvent servir de texte commun à des opinions très-diverses, entre autres ces mots : Constitution, avec ou sans épithète. Il est probable que le préfet et la majorité du conseil ont accordé aux paroles du président une portée qui n'est pas identiquement la même.

21 Août 1877. — Puisqu'il a plu au gouvernement de prolonger d'une session le sexennat de la moitié des membres du conseil, la majorité qui date de trois ans s'affirmera très-vivante encore par d'utiles propositions. Aujourd'hui plusieurs vœux ont été déposés sur le bureau. Entre autres, un, concernant la restitution désirable aux conseils généraux du droit de nommer quatre des membres du conseil départemental de l'instruction publique (2) ; un autre tendant à faire transporter des préfets aux inspecteurs d'académie la nomination des instituteurs communaux (3).

---

(1) Le préfet, usant du droit, que les conseillers ont eux-mêmes, de retoucher leurs paroles sur la sténographie, a modifié quelque peu dans le compte rendu officiel le texte de sa réponse, mais ces paroles sont celles que j'ai retenues et que je retrouve dans un journal du lendemain.

(2) Adopté dans la Séance du 29.

(3) Adopté avec quelques modifications dans la Séance du 29, par 18 voix contre 11. — Le droit de nomination ne serait pas transféré aux inspecteurs d'académie mais aux recteurs

Après la lecture de ces vœux, le conseil général, désirant, dans les circonstances actuelles, ne pas précipiter la clôture de la session, s'ajourne à lundi 27.

27 Août. — Ce vœu a été déposé sur le bureau du Conseil général :

« Les soussignés ont l'honneur de proposer au Conseil général l'adoption du vœu suivant :

« Le Conseil, considérant qu'il importe d'assurer la régularité des prochaines opérations électorales et de renseigner les électeurs sur l'étendue de leurs droits et de leurs devoirs ;

« Emet le vœu que la publicité la plus sérieuse et la plus complète soit donnée dans toutes les communes aux lois et décrets relatifs aux opérations électorales, et notamment au décret du 2 février 1852, aux lois des 30 novembre 1875, articles 3 et 22, à la loi du 2 août 1875, article 19. »

Signé : « Brulé, Labitte, de Douville-Maillefeu, René Goblet, Frédéric Petit, Fournier, A du Grosriez, Mollien, comte d'Estourmel, Frichot, Prarond, Magniez, E. Dieu, Dhavernas, Gambier, Caron. »

Déclaration du préfet qui s'oppose à la prise en considération de ce vœu auquel il trouve un caractère politique ; demande de la question préalable par un membre du conseil. Après échange d'observations un scrutin public écarte la question préalable par 18 voix contre 11. Le vœu sera donc discuté (1).

30 Août. — Le Conseil général vient de clore sa session dans les sentiments où il l'a ouverte et par un acte aussi clair que la déclaration du 20. La commission permanente qui doit jusqu'aux élections et même au-delà, suivant la lettre stricte de la loi, continuer l'action du Conseil auprès de l'autorité préfectorale pendant l'année 1877-1878, a été composée, par un vote de 22 ou 23 voix contre 10 ou 11 bulletins blancs, de tous les conseillers qui sont anciens députés, c'est-à-dire des 363, MM. de Douville, Jametel, Mollien, Magniez, Labitte ; puis de M. Goblet, maire destitué d'Amiens, candidat désigné à la députation, (M. Barni, malade, renonçant,) et de M. Dhavernas, qui a fait le retrait d'une candidature pour ne pas diviser les voix d'un arrondissement.

---

(1) Ce vœu a été adopté dans la séance du 29, et un crédit de 500 fr. a été mis à la disposition du Préfet pour l'exécution des mesures désirées. Le Conseil n'a pu émettre qu'un vœu dont le Préfet tiendra le compte qu'il jugera convenable.

14026 — AMIENS. — IMP. T. JEUNET

www.ingramcontent.com/pod-product-compliance
Lightning Source LLC
LaVergne TN
LVHW021004090426
835512LV00009B/2066